30 Histoires pour le RAMADAN

Histoires du soir pour enfant pour le mois sacré du Ramadan

1) <u>Le Premier Jeûne de Leila</u>

Dans une petite ville baignée par la douce lumière du matin, Leila se réveillait avec un mélange d'excitation et de nervosité. Aujourd'hui marquait un moment spécial dans sa vie : son premier jeûne complet du Ramadan.

« Maman, est-ce que c'est vraiment aujourd'hui ? » demanda Leila, les yeux encore mi-clos.

Sa mère, Fatima, sourit tendrement et acquiesça. « Oui, ma chérie. Aujourd'hui, tu vas jeûner pour la première fois. Tu es prête ? »

Leila hocha la tête, bien qu'une petite voix intérieure lui murmure ses inquiétudes. Elle se rappela des conseils de son père : « Le jeûne est plus qu'une absence de nourriture, c'est une quête de patience et de gratitude. »

Après le repas de l'aube, Leila et sa famille accomplirent leur prière. Le soleil se levait, étendant ses rayons dorés sur la ville, annonçant le début du jeûne.

Tout au long de la journée, Leila ressentit diverses émotions : la faim, bien sûr, mais aussi un sentiment de fierté. Elle observait sa famille, notamment sa mère et son père, avec une nouvelle admiration pour leur dévouement.

À l'école, ses amis partageaient leurs propres expériences. « Le plus difficile, c'est l'après-midi, quand la faim se fait vraiment sentir », confia son ami Karim.

« Mais n'oublie pas pourquoi nous faisons cela », ajouta Amina, une autre amie. « C'est pour se rapprocher d'Allah et pour apprendre à apprécier ce que nous avons. »

Le soir venu, alors que le ciel se teintait de nuances de rose et d'orange, la famille de Leila se rassembla pour la rupture du jeûne. Leila observa les dattes sur la table, se rappelant que le Prophète Muhammad (paix et bénédictions sur lui) rompait son jeûne de cette manière.

« Leila, veux-tu avoir l'honneur de rompre le jeûne ? » demanda son père.

Avec un petit hochement de tête, Leila prit une datte et murmura une prière silencieuse de gratitude. La douceur du fruit sembla être la plus délicieuse qu'elle ait jamais goûtée.

« Comment te sens-tu ? » demanda sa mère, après qu'ils eurent terminé leur repas.

« Heureuse », répondit simplement Leila. « Et un peu surprise. Je pensais seulement à la faim, mais il y a tellement plus. Je me sens... plus proche de vous tous, et de Dieu. »

Son père sourit. « Le Ramadan a cette façon de nous réunir, de nous rappeler l'importance de la famille, de la gratitude, et de notre foi. »

Leila s'endormit cette nuit-là, le cœur léger et l'esprit plein de réflexions. Son premier jeûne n'était pas seulement un défi, mais une ouverture sur un monde de compréhension et de croissance spirituelle.

2) <u>Le Secret de la Zakat</u>

Dans le quartier animé de la vieille ville, Aya et son petit frère Sami avaient un secret. Tous les Ramadan, ils économisaient une partie de leur argent de poche pour la Zakat, une tradition d'aumône très importante dans l'Islam. Mais cette année, ils avaient décidé de faire quelque chose de différent.

Un après-midi, alors que le soleil déclinait, laissant place aux teintes rosées du crépuscule, Aya dit à Sami : « Tu sais, donner de l'argent, c'est bien, mais cette année, je voudrais qu'on offre quelque chose de plus personnel. »

Sami, avec ses grands yeux curieux, demanda : « Comme quoi, Aya ? »

« Je pensais que nous pourrions utiliser notre argent pour acheter des fournitures scolaires pour les enfants de l'orphelinat », répondit Aya avec un sourire. Sami sauta de joie et approuva l'idée avec enthousiasme.

Les jours suivants, les deux enfants accomplirent leurs tâches avec plus de zèle que jamais, gagnant quelques pièces supplémentaires pour leur projet spécial. Une fois l'argent collecté, ils achetèrent cahiers, crayons, et autres fournitures.

La veille de l'Aïd, ils se rendirent à l'orphelinat, les bras chargés de sacs colorés. L'excitation de Sami était

palpable, mais il se souvint des paroles de sa sœur : « La Zakat est encore plus précieuse quand elle est donnée avec discrétion et humilité. »

Aya et Sami laissèrent les sacs à la porte de l'orphelinat avec une note : « Un petit cadeau pour une année d'apprentissage joyeuse. » Ils sonnèrent et se cachèrent pour observer.

Lorsque les enfants de l'orphelinat trouvèrent les sacs, leurs visages s'illuminèrent d'incroyable joie. Aya et Sami ressentirent une chaleur envahir leur cœur.

Sur le chemin du retour, Sami demanda : « Aya, pourquoi ne leur avons-nous pas dit que c'était nous ? »

Aya, tenant la main de son frère, répondit : « Parce que le véritable don vient du cœur, Sami. Il n'est pas nécessaire que les autres sachent d'où il vient. Ce qui compte, c'est le sourire sur leur visage, pas les éloges que nous pourrions recevoir. »

Sami regarda sa sœur, impressionné et fier. Il avait

appris une leçon précieuse sur l'humilité et la générosité.

Le jour de l'Aïd, alors que la famille célébrait ensemble, Aya et Sami partagèrent leur secret avec leurs parents, qui les étreignirent avec fierté et amour.

3) <u>Sous le Croissant de Lune</u>

Dans le petit village de Nour, l'apparition du croissant de lune était toujours un événement spécial, surtout pendant le Ramadan. Les enfants, comme les adultes, attendaient ce moment avec une joie non dissimulée. Mais pour Lina et son frère Sami, cette année était encore plus spéciale : c'était la première fois qu'ils étaient assez grands pour participer à la veillée sous la lune.

Après le repas de l'Iftar, alors que les dernières lueurs du soleil s'évanouissaient, Lina et Sami rejoignirent leurs parents dans le jardin, où tous les voisins se rassemblaient. Des lanternes colorées balançaient doucement dans la brise du soir, et l'air était empli de l'odeur sucrée des pâtisseries du Ramadan.

« Regarde, Sami ! » s'écria Lina, pointant du doigt le ciel. « Le croissant de lune ! Il est là ! »

Sami, les yeux écarquillés, suivit la direction du doigt de sa sœur et vit le fin croissant de lune qui se dessinait dans le ciel violet. « Il est magnifique ! » dit-il.

Leur père, voyant leur excitation, s'agenouilla à côté d'eux. « Savez-vous pourquoi le croissant de lune est si important pendant le Ramadan ? » demanda-t-il.

« C'est parce qu'il annonce le début du mois sacré, n'est-ce pas ? » répondit Lina, fière de connaître la réponse.

« Exactement », confirma leur père. « Et c'est aussi un

rappel de la beauté de la création d'Allah et de la
régularité des cycles de la vie. Chaque phase de la lune
nous enseigne quelque chose. »

Les enfants hochèrent la tête, regardant le ciel nocturne
avec une nouvelle appréciation.

« Et maintenant, sous ce croissant de lune, nous allons
tous faire une prière spéciale ensemble », annonça leur
mère en les rejoignant avec un tapis de prière.

La famille s'aligna, et tandis qu'ils se prosternaient
ensemble, Lina et Sami sentirent une paix intérieure.
Sous le croissant de lune, ils étaient unis à leur famille, à
leur communauté et à quelque chose de bien plus grand
qu'eux.

Quand ils relevèrent la tête, les étoiles brillaient comme des réponses silencieuses à leurs prières. Et sous le croissant de lune, Lina et Sami firent des vœux pour le mois à venir, des vœux remplis d'espoir, de paix et de partage.

4) <u>La Lanterne de Nour</u>

Dans le quartier ancien de la médina, où les rues s'entrelacent comme des fils d'un tapis ancien, Nour, une petite fille à l'esprit vif et au cœur généreux, avait une tradition spéciale durant le Ramadan. Chaque année, elle fabriquait une lanterne pour éclairer le chemin des passants devant chez elle.

Le premier soir de Ramadan, Nour prit place à sa fenêtre avec sa lanterne achevée. Elle était ornée de verre coloré et de motifs qui racontaient des histoires de générosité et d'amour. En allumant la bougie à l'intérieur, la lanterne projetait des danses de lumière sur les murs de la vieille ville.

« Nour, ta lanterne est la plus belle que j'aie jamais vue », s'exclama sa grand-mère en la rejoignant à la fenêtre. « Elle brille comme une petite étoile tombée du ciel. »

Nour sourit, ses yeux pétillants reflétant la lumière de sa création. « Je l'ai faite pour que tout le monde se souvienne de trouver le chemin de la bonté », dit-elle.

Alors qu'elles regardaient ensemble, un vieil homme s'approcha, s'arrêtant sous la lanterne pour reposer ses jambes fatiguées. La lumière douce semblait l'apaiser, et un sourire se dessina sur son visage éclairé par la lanterne de Nour.

Peu après, un groupe d'enfants jouant dans la rue vint se rassembler autour de la lanterne. Ils admiraient les couleurs et la chaleur qu'elle dégageait, riant et partageant des histoires sous sa lumière bienveillante.

Nuit après nuit, la lanterne de Nour devenait un point de rencontre, un phare de communauté et de partage. Les voisins apportaient des friandises à partager, des histoires à raconter, et la petite lanterne illuminait leurs soirées de Ramadan d'une lumière chaleureuse.

Le dernier soir de Ramadan, alors que Nour préparait sa lanterne pour la dernière fois, sa grand-mère lui dit : « Tu sais, ma chérie, la vraie lumière de Ramadan, c'est celle qui brille dans ton cœur. »

Nour leva les yeux vers le ciel nocturne, regardant la lune qui annonçait la fin du mois sacré, et sut que la

lumière de sa lanterne continuerait de briller bien
longtemps après que les étoiles se soient éteintes.

5) <u>Les Pas dans le Sable</u>

Sur les rivages dorés de la mer, où les vagues caressent doucement la plage, un petit garçon nommé Youssef marchait chaque soir de Ramadan après l'Iftar. Il aimait sentir le sable frais sous ses pieds et regarder les empreintes qu'il laissait derrière lui.

Un soir, alors que la lune brillait claire et ronde, Youssef remarqua que ses empreintes n'étaient pas seules. À côté des siennes, il y avait une autre série de pas, petits et délicats, comme ceux d'un enfant.

Curieux, il suivit ces traces jusqu'à ce qu'il trouve leur propriétaire : une petite fille, sa voisine, Amira, qui semblait chercher quelque chose dans le sable.

« Que fais-tu ici toute seule ? » demanda Youssef, s'approchant d'elle avec prudence.

Amira leva les yeux, ses yeux brillant d'espoir. « Je cherche des coquillages pour ma collection. Mon papa dit qu'ils sont plus beaux quand la lune est pleine. »

Impressionné par sa détermination, Youssef s'agenouilla pour l'aider. Ensemble, ils cherchèrent, et à chaque coquillage trouvé, ils partageaient un sourire ou un rire.

« Pourquoi cherches-tu des coquillages pendant Ramadan ? » demanda Youssef, après un moment de silence confortable.

« Parce que Ramadan est un moment pour faire de

bonnes actions », répondit Amira. « Je veux offrir mes coquillages aux enfants à l'hôpital pour qu'ils aient un peu de la beauté de la mer avec eux. »

Youssef ressentit une vague d'admiration pour son amie. « C'est une belle idée, Amira. Peut-être que je pourrais t'aider à les donner ? »

Amira hocha la tête avec enthousiasme. « J'adorerais ça, Youssef. »

Les nuits suivantes, Youssef et Amira continuèrent leur quête. À la fin de Ramadan, avec leurs coquillages brillant dans une boîte ornée, ils visitèrent l'hôpital.

Leurs petits trésors apportèrent des sourires et des éclats

de joie aux enfants, répandant l'esprit de Ramadan bien au-delà des rivages sur lesquels ils avaient été recueillis.

Et alors que la lune de Ramadan se couchait pour la dernière fois de l'année, Youssef et Amira savaient qu'ils avaient créé quelque chose de spécial, un chemin de générosité et d'amour, symbolisé par les pas dans le sable qu'ils avaient partagés.

6) <u>La Prière de Minuit</u>

Dans le quartier tranquille de Medina, lorsque les horloges sonnaient minuit pendant le Ramadan, un silence paisible enveloppait les rues. Mais dans la maison de la famille Idriss, une lumière restait allumée, et des murmures de prières s'élevaient doucement.

Sofia, la cadette de la famille, avait attendu toute l'année pour prendre part à la prière de Tarawih, une prière spéciale de Ramadan que l'on fait habituellement après le Isha, la prière du soir. Cette année, elle était déterminée à rester éveillée pour la prière de minuit, malgré ses paupières lourdes.

« Père, vais-je pouvoir rester éveillée pour la prière de minuit ? » demanda-t-elle, luttant contre le sommeil.

Son père, Layth, posa sa main sur sa tête et sourit. « Si ton cœur est prêt et ton intention est claire, alors Allah t'aidera à rester éveillée, » dit-il avec confiance.

Comme l'heure approchait, la famille se préparait, se lavant pour la purification et se dirigeant vers leur salle de prière. Sofia s'installa à côté de son frère et de sa sœur, le tapis sous elle doux et rassurant.

Leur mère commença la récitation du Coran, sa voix montant et descendant dans les versets sacrés. Sofia se laissa emporter par les mots, sentant son cœur battre au rythme des ayats.

Lorsque la prière commença, Sofia suivit les mouvements avec une attention silencieuse, se prosternant, se tenant debout, et se pliant avec une dévotion qui allait bien au-delà de son jeune âge. Chaque position était une conversation avec le divin, chaque prosternation une déclaration de foi.

À la fin de la prière, alors que le silence retombait sur la maison, Sofia se sentait éveillée d'une manière qu'elle n'avait jamais connue. Elle avait non seulement tenu sa promesse de rester éveillée pour la prière de minuit, mais elle avait aussi ressenti un lien profond avec sa famille et avec sa foi.

« Père, c'était beau », murmura-t-elle, les yeux brillants d'une lumière intérieure.

« C'est le pouvoir de la prière, Sofia. Elle nous unit et nous élève, surtout pendant le Ramadan », répondit-il.

Et alors que minuit passait et que la lumière de la lune se reflétait doucement sur les pages du Coran, Sofia savait qu'elle garderait le souvenir de cette prière de minuit pour toutes les nuits à venir, un souvenir de paix et de connexion divine.

7) <u>La première révélation</u>

Dans la ville paisible de Makkah, sous le ciel étoilé du désert, vivait un jeune garçon nommé Amir. Amir était connu pour sa curiosité et son amour pour les histoires que son grand-père lui racontait chaque soir. Parmi toutes les histoires, celle de la première révélation du Coran au Prophète Muhammad pendant le mois de Ramadan fascinait particulièrement Amir.

Un soir, alors que le Ramadan débutait, Amir demanda à son grand-père, avec ses yeux brillants d'excitation : « Grand-père, peux-tu me raconter encore une fois l'histoire de la première révélation ? »

Le grand-père sourit, ravie de l'intérêt de son petit-fils, et commença : « Eh bien, Amir, cela s'est passé il y a très longtemps. Le Prophète Muhammad était dans la grotte de Hira, cherchant la paix et la réflexion, quand l'ange Gabriel lui est apparu. »

Amir, accroché à chaque mot, demanda : « Grand-père, le Prophète avait-il peur ? »

« Oui, il était surpris et un peu effrayé au début », répondit le grand-père. « Mais Gabriel lui dit : 'Lis !' et le Prophète répondit qu'il ne savait pas lire. L'ange le prit alors dans ses bras et lui dit encore : 'Lis !' »

« Et ensuite ? Que s'est-il passé ? » s'empressa de demander Amir.

« Gabriel révéla alors les premiers mots du Coran, qui signifient : 'Lis, au nom de ton Seigneur qui a créé...' Ces mots ont marqué le début de la révélation du Coran, et depuis, le mois de Ramadan est devenu un moment sacré pour se rapprocher de Dieu et de sa parole », conclut le grand-père.

Amir resta silencieux un moment, absorbant l'histoire. Puis, avec des étoiles dans les yeux, il dit : « Grand-père, je veux être comme le Prophète. Je veux apprendre et partager la sagesse. »

Le grand-père prit Amir dans ses bras et dit avec

tendresse : « Tu as déjà commencé, mon cher. Chaque jour où tu apprends quelque chose de nouveau et que tu le partages avec gentillesse, tu marches sur les pas du Prophète. »

Alors que la nuit enveloppait la ville, Amir s'endormit, le cœur rempli de rêves et d'histoires, déterminé à apprendre et à partager la lumière de la connaissance, tout comme le Prophète Muhammad l'avait fait il y a si longtemps.

8) <u>Le Jardin des Vertus</u>

Dans un coin paisible de la ville, où les ruelles s'ornent de fleurs et les fontaines chantent doucement, se trouvait un jardin que tous les enfants de la ville nommaient "Le Jardin des Vertus". Ce n'était pas un jardin ordinaire; ses arbres semblaient danser sous le vent et ses fleurs murmuraient des mots de sagesse à ceux qui prenaient le temps de les écouter.

Au cœur de ce jardin, une jeune fille nommée Hana aimait passer ses après-midi de Ramadan. Elle trouvait dans ce lieu une paix intérieure qui complétait la réflexion et le calme apportés par le jeûne.

Un jour, alors que Hana se promenait entre les parterres de fleurs, elle aperçut une rose qui semblait faner. Préoccupée, elle s'approcha et entendit la rose murmurer : « Pour fleurir, j'ai besoin de la gentillesse de quelqu'un.»

Hana, sans hésiter, prit délicatement la rose entre ses mains et lui offrit de l'eau de la fontaine. Peu à peu, la rose reprit des couleurs et son parfum emplit l'air.

« Merci, petite Hana », dit la rose. « Tu as montré la vertu de la compassion, une des plus belles que l'on puisse avoir pendant le Ramadan. »

Chaque jour suivant, Hana rencontra d'autres fleurs avec d'autres besoins : une tulipe avait besoin d'encouragements pour se redresser, un lys avait besoin d'une oreille attentive pour partager ses histoires, et un jasmin avait simplement besoin de compagnie.

À chaque fois, Hana était là, offrant ce qu'elle pouvait, et avec chaque acte de vertu, le jardin devenait plus luxuriant et plus vivant.

Le dernier jour de Ramadan, le jardin était méconnaissable, débordant de vie et de couleurs. Hana comprit alors que ce jardin était un reflet du monde : chaque bonne action, aussi petite soit-elle, contribuait à un bien plus grand.

« Hana, tu as donné sans attendre en retour, et cela, c'est
la véritable essence du Ramadan », lui dit un vieux
figuier au centre du jardin.

Le soir de l'Aïd, Hana invita tous les enfants à venir voir
le jardin. Ils furent émerveillés par sa beauté et
comprirent le message que Hana leur partageait : comme
le jardin, leurs cœurs et leurs communautés pouvaient
fleurir par la vertu et la bienveillance.

9) <u>Le Repas Partagé</u>

Le mois de Ramadan était un temps de partage et de communauté, et dans la famille de Mariam, le repas de l'Iftar était une affaire de cœur. Cette année, Mariam avait une idée particulière. Elle voulait inviter ses amis de différentes cultures à partager le repas de l'Iftar pour leur montrer la beauté de la tradition.

Avec l'aide de sa mère, Mariam envoya des invitations pour le dixième jour de Ramadan. « Maman, penses-tu qu'ils viendront ? » demanda-t-elle, un peu anxieuse.

« Bien sûr, ma chérie », répondit sa mère. « C'est une belle occasion pour eux de découvrir nos coutumes. »

Le soir de l'Iftar arriva, et bientôt, la maison de Mariam fut remplie de rires et de conversations dans plusieurs langues. Chaque ami apporta un plat de chez lui, créant un buffet de diversité et de saveurs.

« Je ne savais pas qu'il y avait tant de façons différentes de préparer des dattes ! » s'exclama Emma, une amie de l'école de Mariam.

« Et ces boulettes de viande, elles sont délicieuses ! Comment s'appellent-elles ? » demanda Alex, en savourant un kibbeh.

Mariam expliqua les différents plats et partagea les histoires derrière chaque tradition. Lorsque l'heure de l'Iftar sonna, tous observèrent un moment de silence alors que la famille de Mariam rompait le jeûne avec des dattes et de l'eau, comme le Prophète Muhammad (paix et bénédictions sur lui) l'avait fait.

Puis, tous s'assirent ensemble pour déguster le festin. Les conversations se tournèrent vers les expériences de jeûne, les traditions familiales et l'importance de la gratitude.

« Je n'ai jamais vraiment pensé à tout ce pour quoi je

devrais être reconnaissant », avoua Tom, un camarade de classe.

« C'est l'une des leçons du Ramadan », dit le père de Mariam. « Nous jeûnons pour ressentir la faim, pour comprendre la valeur de ce que nous avons et pour apprendre à l'apprécier. »

Le repas partagé devint un événement annuel chez Mariam. Chaque année, plus d'amis rejoignaient la table, et le buffet de l'Iftar grandissait avec de nouveaux plats et histoires. Pour Mariam et sa famille, le Ramadan était devenu synonyme de partage, non seulement de nourriture mais aussi de culture et d'amitié.

10) <u>La Perle de la Patience</u>

Dans un village baigné par les eaux tranquilles d'une mer scintillante, vivait une fille nommée Safiya, connue de tous pour sa patience infinie. Pendant le Ramadan, cette vertu brillait encore plus que d'habitude.

Chaque jour de jeûne, Safiya se levait avant l'aube pour aider sa mère à préparer le Suhoor, le repas avant le lever du soleil. Même fatiguée, elle ne manquait jamais de sourire ni de douceur.

Un après-midi, alors que le soleil dardait ses rayons implacables sur le village, Safiya trouva une huître échouée sur la plage. À l'intérieur, elle découvrit une perle d'une beauté extraordinaire. C'était un cadeau de la mer, un secret caché dans les profondeurs.

Safiya, émerveillée, décida de garder la perle, non pas comme un trésor personnel, mais comme un symbole de ce que le Ramadan lui enseignait. Elle la nomma la Perle de la Patience.

Le dernier jour de Ramadan, Safiya organisa un iftar pour tout le village. Les tables étaient remplies de plats délicieux, et au centre, la perle était exposée, étincelante sous les lumières du crépuscule.

Les villageois furent touchés par la beauté de la perle et demandèrent à Safiya pourquoi elle l'avait nommée ainsi.

« Cette perle, trouvée après une longue attente dans les profondeurs, me rappelle que la patience est précieuse », expliqua-t-elle. « Pendant le Ramadan, nous apprenons à attendre, à espérer et à apprécier chaque bénédiction. Comme cette perle, la patience est un cadeau qui se révèle à ceux qui savent attendre. »

Le cœur des villageois fut touché par la sagesse de Safiya. La Perle de la Patience devint un symbole du village, rappelant à tous les vertus du Ramadan et la beauté qui réside dans la patience et la gratitude.

11) <u>Les Mille et Une Nuits du Ramadan</u>

Dans la petite ville de Tarim, entourée par le désert et le ciel étoilé, le Ramadan apportait non seulement un mois de jeûne mais aussi un mois de contes et d'histoires. Parmi les conteurs, il y avait le sage vieillard, Abu Hassan, dont les récits fascinaient les enfants comme les adultes, soir après soir.

Un enfant en particulier, Layla, ne manquait jamais une nuit. Elle était captivée par les aventures et les leçons que chaque histoire apportait. Un soir, Abu Hassan annonça : « Mes chers enfants, cette année, je vous propose un défi. Celui qui pourra me raconter la

meilleure histoire de Ramadan remportera une collection complète des histoires que j'ai racontées au fil des ans. »

Layla, avec son imagination débordante, fut ravie à l'idée de participer. Elle passa les jours suivants à écrire et réécrire son conte, peaufinant chaque détail. Finalement, elle créa « Les Mille et Une Nuits du Ramadan », une histoire magique d'une ville qui ne dormait jamais, où chaque nuit dévoilait une nouvelle aventure inspirée par les enseignements du Coran.

Le dernier soir de Ramadan, Layla prit son courage à deux mains et se leva pour raconter son histoire devant Abu Hassan et tous les villageois rassemblés. Sa voix, d'abord hésitante, gagna en assurance à mesure que son récit prenait vie, emportant son auditoire dans un monde où les étoiles chuchotaient des secrets de sagesse aux enfants et où la lune veillait sur la ville, assurant la paix et la réflexion.

Lorsque Layla termina, un silence ému plana sur l'assemblée avant qu'une salve d'applaudissements n'éclate. Abu Hassan, les yeux brillants de larmes, déclara : « Layla, ta histoire a capturé l'esprit du Ramadan mieux que je n'aurais jamais pu l'imaginer. »

Et ainsi, Layla remporta non seulement le concours mais aussi le cœur de sa communauté, rappelant à tous que les véritables histoires du Ramadan sont celles que l'on vit,

que l'on partage et que l'on garde dans son cœur bien
après la fin du mois sacré.

12)   <u>La Générosité du Cœur</u>

Dans le village de Al-Baraka, tout le monde connaissait le jeune Ali pour sa générosité débordante. Pendant le Ramadan, Ali cherchait toujours des moyens de rendre ce mois encore plus spécial pour les autres.

Cette année, Ali avait décidé de préparer un repas d'Iftar pour ceux qui en avaient le plus besoin. Il passa des jours à planifier, à collecter des ingrédients et à inviter tous ceux qui étaient seuls ou dans le besoin à se joindre à lui pour un repas communautaire.

Avec l'aide de sa famille et de ses amis, Ali transforma la place du marché en un grand salon à ciel ouvert. Des nappes colorées furent étendues, des lanternes suspendues, et une douce odeur de cuisson flottait dans l'air.

Quand vint le soir de l'Iftar, les gens commencèrent à arriver, certains timides, d'autres curieux, mais tous touchés par l'invitation d'Ali. Il les accueillait avec un sourire chaleureux et un mot gentil pour chacun.

L'Adhan retentit, et le silence se fit alors que tout le monde se préparait à rompre le jeûne. Ali distribua des dattes et de l'eau, et ensemble, ils remercièrent pour les bénédictions de cette journée.

Le repas fut un mélange joyeux de conversations, de rires et de partage. Ali s'assura que chaque personne se sente chez elle, veillant à ce que tout le monde ait assez à manger.

Après l'Iftar, un vieil homme s'approcha d'Ali et posa sa main sur l'épaule du garçon. « Mon fils, ce que tu as fait aujourd'hui, c'est le véritable esprit du Ramadan. Ta générosité nourrit bien plus que nos corps ; elle nourrit nos âmes. »

Ali sentit son cœur se gonfler de bonheur. Ce n'était pas l'ampleur du repas qui comptait, ni les compliments qu'il recevait, mais le sentiment d'unité et d'amour qui remplissait la place ce soir-là.

Quand les étoiles apparurent dans le ciel, Ali savait que la véritable générosité venait du cœur et qu'elle avait le pouvoir de transformer le monde, une bonne action après l'autre.

13)   <u>Le Pardon d'Imran</u>

Dans un coin paisible de la ville, Imran, un jeune garçon connu pour son tempérament fougueux, avait appris une leçon difficile. Il avait blessé son ami Anas par des mots durs et, pendant ce Ramadan, le poids de son regret était plus lourd que jamais.

Une nuit, après la prière de Tarawih, Imran s'approcha d'Anas. Le clair de lune se reflétait dans les larmes qu'il tentait de retenir.

« Anas, je suis venu te demander pardon », dit Imran d'une voix tremblante. « Ce que j'ai dit était cruel et je regrette chaque mot. »

Anas regarda Imran, son cœur se battant entre la rancœur et la compassion. Il vit la sincérité dans les yeux d'Imran et ressentit la pureté de son intention.

« Imran, le Ramadan est le mois du pardon. Ta démarche me prouve que tu as changé », répondit Anas, sa voix emplie de l'émotion de la réconciliation. « Je te pardonne, mon ami. »

Les deux garçons se prirent dans les bras sous le ciel nocturne, la lune et les étoiles témoins de leur réconciliation. Imran sentit un poids se lever de ses épaules, remplacé par une paix qu'il n'avait pas ressentie depuis longtemps.

Le lendemain, Imran décida de partager son expérience
avec les enfants du quartier. Il leur raconta comment il
avait trouvé le courage de demander pardon et
l'importance de cette vertu, surtout pendant le Ramadan.

« Le pardon n'est pas juste pour ceux à qui on le
demande, mais aussi pour soi-même. C'est une
libération, une façon de faire place à la lumière dans nos
cœurs », enseigna Imran.

Ce Ramadan fut un tournant pour Imran. Il devint connu

non seulement pour son énergie mais aussi pour sa
capacité à admettre ses erreurs et à chercher le pardon.
Et chaque année, lors du mois sacré, il partageait
l'histoire de « Le Pardon d'Imran », rappelant à tous la
puissance de la miséricorde et du cœur pur.

14) <u>Le Trésor du Fasting</u>

Dans un village reculé, entouré par les montagnes majestueuses, les anciens parlaient d'une légende, celle du Trésor du Fasting, caché au sommet de la plus haute montagne. Ce n'était pas un trésor ordinaire ; il était dit qu'il contenait la sagesse du jeûne du Ramadan.

Cette année, un garçon nommé Idris, intrigué par les histoires qu'il avait entendues depuis l'enfance, décida qu'il trouverait ce trésor. Avec la bénédiction de ses parents, il entreprit son voyage le premier jour de Ramadan.

Idris grimpa chaque jour, jeûnant, priant et réfléchissant sur les enseignements du Coran. Chaque soir, il rompait son jeûne avec un peu de pain et d'eau, puis priait sous le ciel étoilé.

Alors que les jours passaient, Idris sentait son corps s'affaiblir mais son esprit s'éclaircir. Il comprenait peu à peu que le jeûne n'était pas seulement une abstention de nourriture et de boisson, mais une nourriture pour l'âme.

Le dernier jour de Ramadan, Idris atteignit le sommet. Il ne trouva pas de coffre rempli d'or ou de pierres précieuses. À la place, il trouva un vieux coffre en bois sculpté, à l'intérieur duquel reposait un rouleau de parchemin.

Idris déroula le parchemin avec précaution et lut : « Le véritable trésor du jeûne est la paix intérieure, la maîtrise de soi et la proximité avec le Créateur. Celui qui comprend cela possède le plus grand des trésors. »

En redescendant de la montagne, Idris réalisa que le trésor qu'il cherchait n'avait jamais été destiné à être touché ou vu. Il était déjà en lui, cultivé par chaque jour de jeûne, chaque prière et chaque moment de réflexion.

Lorsqu'Idris retourna au village, il partagea la sagesse du Trésor du Fasting avec tout le monde. Chaque Ramadan qui suivit, le village tout entier jeûnait avec une nouvelle

compréhension et un nouvel engagement, chacun
cherchant le trésor dans son propre cœur.

15)   <u>Le Sourire de la Lune</u>

Dans le village de Qamar, les nuits de Ramadan étaient illuminées non seulement par les étoiles, mais aussi par le sourire bienveillant de la lune. C'était du moins ce que croyait le jeune Samir, qui passait des heures à contempler le ciel nocturne depuis le balcon de sa maison.

La grand-mère de Samir, une femme sage aux histoires infinies, lui avait raconté que le sourire de la lune pendant le Ramadan était un signe de l'amour d'Allah pour Ses créatures. Samir, avec son cœur innocent et sa foi pure, croyait dur comme fer à ces mots.

Une nuit, alors que le croissant de lune brillait plus clairement que jamais, Samir fit un vœu : il souhaitait que le sourire de la lune apporte bonheur et tranquillité à tous ceux qu'il aimait. Il se mit à dessiner la lune sur un grand morceau de papier, y ajoutant un sourire chaleureux avec ses crayons de couleur.

Le dernier soir du Ramadan, Samir décida de partager son dessin avec le village. Il l'accrocha à la porte de sa maison, pour que tous ceux qui passaient puissent voir le sourire de la lune.

Le lendemain matin, le jour de l'Aïd, les villageois se réveillèrent pour trouver le sourire de la lune dessiné par Samir. Les enfants riaient en le voyant, les adultes se sentaient réconfortés, et une ambiance de joie s'installa dans tout le village.

« Regarde, c'est le sourire de la lune de Samir ! »
s'exclamaient les enfants en se rendant à la mosquée
pour la prière de l'Aïd.

Samir, voyant l'effet de son dessin sur les villageois,
sentit son cœur s'emplir d'une joie indescriptible. Il
comprit que les petites actions, faites avec amour et
sincérité, pouvaient avoir un grand impact.

Chaque année, pour le Ramadan, le sourire de la lune de Samir devenait une tradition, rappelant à tous les habitants de Qamar l'amour et la bonté qui résidaient dans les gestes simples et dans la magie des croyances enfantines.

16)   <u>La Clé du Paradis</u>

Dans la ville tranquille de Safa, alors que le Ramadan touchait à sa fin, un vieil homme du nom de Abbas racontait aux enfants une histoire qu'il tenait de ses propres grands-parents. Selon lui, quelque part dans la ville se cachait une clé ancienne, forgée dans l'or le plus pur et décorée de pierres précieuses, qui ouvrait les portes du paradis.

Les enfants écoutaient, les yeux brillants d'émerveillement et d'incrédulité. Parmi eux, une jeune fille nommée Yasmin était particulièrement touchée par cette histoire. Elle s'approcha d'Abbas après le conte et lui demanda : « Abbas, est-ce que la clé du paradis existe vraiment ? »

Abbas regarda Yasmin avec un sourire mystérieux et répondit : « Yasmin, la clé du paradis n'est pas ce que tu crois. Ce n'est pas une clé que l'on peut tenir dans ses mains. C'est quelque chose que l'on porte dans son cœur.»

Intriguée, Yasmin passa les jours suivants à réfléchir aux paroles d'Abbas. Elle décida de chercher cette clé symbolique en accomplissant des actes de gentillesse et de générosité, en aidant ses voisins, en partageant son repas avec ceux qui avaient faim, et en offrant des prières sincères pour sa communauté.

Le jour de l'Aïd vint, et Yasmin sentit un changement en elle. Elle avait découvert que la clé du paradis était faite de compassion, d'amour et de dévouement aux autres. Sa quête lui avait enseigné que les véritables portes du paradis s'ouvraient par les bonnes actions et la pureté d'intention.

Lorsqu'elle partagea sa découverte avec Abbas, le vieil homme lui sourit avec fierté. « Yasmin, tu as trouvé la plus précieuse des clés. Garde-la toujours avec toi, et tu trouveras le chemin du paradis dans ce monde et dans l'autre. »

17) <u>**Le Repentir de Sofia**</u>

Sofia s'asseyait seule sous l'ombre d'un olivier centenaire, à l'extérieur de la mosquée, les yeux lourds de remords. Elle murmurait des paroles à peine audibles, mélange de prière et de promesse personnelle.

Sa mère la trouva là, une tendre inquiétude marquant son visage. « Sofia, tu sembles porter le monde sur tes épaules. Que se passe-t-il, ma fille ? » demanda-t-elle doucement.

Sofia leva les yeux, ses larmes reflétant la lune croissante. « Maman, je sens que j'ai perdu mon chemin cette année. Je... je veux me repentir, je veux trouver la paix », avoua-t-elle d'une voix ébranlée.

Sa mère s'assit à ses côtés, enveloppant Sofia dans ses bras. « Le repentir est un voyage, Sofia, et le Ramadan est la meilleure des boussoles. Allah est Miséricordieux et toujours prêt à accueillir celui qui revient à Lui. »

Les jours suivants, Sofia s'immergea dans les rituels du Ramadan avec une nouvelle ferveur. Un soir, alors qu'elle aidait à mettre la table pour l'Iftar, son père l'observa, un sourire en coin. « Tu sais, Sofia, chaque action que tu entreprends maintenant brille plus fort que les erreurs passées », dit-il.

« Je veux croire que je peux changer, papa », répondit Sofia, les yeux baissés.

« Tu changes déjà », répliqua son père. « Et chaque jour est une nouvelle page que tu peux écrire. »

Le soir de Laylat al-Qadr, Sofia se tenait aux côtés de sa famille pour la prière. « Allah, donne-moi la force d'être celle que Tu veux que je sois », pria-t-elle.

Après la prière, son petit frère, Amir, qui avait observé son changement, se blottit contre elle. « Sofia, tu vas de nouveau me raconter des histoires ce soir ? » demanda-t-il avec espoir.

Sofia lui ébouriffa les cheveux avec affection. « Bien sûr, Amir. Quelle histoire veux-tu entendre ? »

« Une histoire sur le pardon », dit-il avec la simplicité enfantine qui perce souvent au cœur des vérités les plus profondes.

Et ainsi, Sofia raconta, et dans chaque mot, elle tissait son espoir et sa résolution de commencer de nouveau, soutenue par la foi et l'amour de sa famille.

18) <u>Les Graines de la Foi</u>

Dans le petit village de Muna, le vieux Hamid avait un jardin qu'il chérissait plus que tout. Il y cultivait non seulement des légumes et des fleurs, mais aussi des graines de foi qu'il aimait partager avec les enfants du village.

Un jour, alors que le Ramadan approchait, Hamid décida de donner à chaque enfant une petite graine à planter. Parmi eux se trouvait Amina, une jeune fille curieuse et attentive.

« Grand-père Hamid, que sont ces graines ? » demanda Amina en tenant la petite graine entre ses doigts.

Hamid s'accroupit à côté d'elle, un sourire bienveillant sur les lèvres. « Ce sont des graines de la foi, Amina. Tu vas les planter et les arroser pendant le Ramadan, et tu verras ce qu'elles deviendront. »

Amina planta sa graine avec soin et chaque jour, après la prière du matin, elle l'arrosait, récitant une courte prière ou un verset du Coran. Elle regardait le sol avec espoir, attendant de voir le résultat de son travail et de sa foi.

Au fur et à mesure que le mois sacré se déroulait, la graine germa et se transforma en une belle plante verdoyante. Amina était émerveillée par la transformation et elle courut partager la nouvelle avec Hamid.

« Regarde grand-père, elle a poussé ! C'est comme si ma foi avait grandi aussi », s'exclama-t-elle.

Hamid hocha la tête, les yeux brillants de fierté. « Chaque graine que tu nourris avec amour et patience, Amina, est comme la foi dans ton cœur. Elle a besoin d'attention et de soin pour s'épanouir. »

Amina comprit alors que le jardinage n'était pas seulement une question de plantes et de terre, mais aussi un symbole de sa propre croissance spirituelle. Les graines de la foi qu'elle avait nourries durant le Ramadan continueraient de grandir bien après la fin du mois sacré.

19) <u>L'Oasis de la Tranquillité</u>

Adel se tenait au sommet d'une dune, scrutant l'horizon, lorsque le vieux guide du désert, Karim, s'approcha de lui.

« Tu cherches l'Oasis de la Tranquillité, n'est-ce pas ? » demanda Karim, sa voix aussi râpeuse que le sable sous leurs pieds.

Adel hocha la tête, les yeux remplis d'espoir. « Oui, on m'a dit que c'est là que je pourrais trouver la paix pendant le Ramadan. »

Karim sourit, ses rides se creusant comme les sillons d'une carte. « C'est un voyage que beaucoup entreprennent, mais seul le cœur sincère y trouvera ce qu'il cherche. »

Avec ces mots énigmatiques, Karim donna à Adel des instructions précises et le laissa continuer seul. Après un voyage éreintant, Adel découvrit enfin l'oasis, un véritable miroir d'émeraude au milieu des teintes ocre du désert.

Tremblant d'émotion, Adel s'agenouilla près de l'eau et murmura une prière. C'est alors qu'une voix se fit entendre derrière lui.

« La paix est un trésor bien gardé, jeune voyageur. Penses-tu l'avoir trouvée ? » dit une femme, sa silhouette se découpant contre la lune.

Adel se retourna pour voir une vieille femme, vêtue d'une robe bleue comme la nuit, qui s'approchait.

« Je... je l'espère », répondit Adel. « Je suis venu ici pour chercher la tranquillité que je ne trouve pas dans ma vie trépidante. »

La vieille femme s'assit à côté de lui et pointa vers le ciel étoilé. « La paix ne se trouve pas seulement dans le silence de l'oasis, mais dans le silence que tu crées en toi. »

Adel passa la nuit à discuter avec la femme, apprenant à méditer sur les versets du Coran et à apprécier la solitude qui lui permettait de se connecter avec sa foi.

Au fil des nuits de Ramadan, Adel apprit à trouver le calme au milieu du chaos, une leçon qu'il emporta avec lui bien après le mois sacré. En partageant son expérience avec les autres, il apporta un morceau de l'Oasis de la Tranquillité dans le cœur de chacun, montrant que la paix est un voyage, pas une destination.

20)   <u>La Bénédiction du Sahur</u>

Dans le calme qui précède l'aube, alors que la ville est encore enveloppée dans le voile sombre de la nuit, Layla et sa famille se réunissent silencieusement dans la cuisine. C'est l'heure du Sahur, le repas avant le début du jeûne du Ramadan.

Le jeune frère de Layla, Hadi, frotte ses yeux encore lourds de sommeil. « Pourquoi devons-nous nous lever si tôt ? » marmonne-t-il.

Le père de Layla, avec un sourire dans la voix, répond doucement : « C'est le moment où nous demandons à Allah de nous bénir pour la journée qui commence, de nous donner la force de jeûner. »

Layla, remplissant doucement les verres d'eau, ajoute : « Et c'est un moment spécial, Hadi. C'est comme si le monde entier retenait son souffle, et dans ce silence, nos prières montent directement vers le ciel. »

Ils s'assoient ensemble, partageant des dattes et du lait, le repas simple mais nourrissant évoquant des siècles de tradition. La mère de Layla partage alors une pensée : « Chaque bouchée que nous prenons maintenant est une graine que nous plantons pour la journée à venir. Avec chaque graine, nous demandons patience, concentration et gratitude. »

Hadi, buvant son lait, commence à comprendre. « C'est comme si nous chargions nos cœurs avant de

commencer un long voyage », dit-il, un nouvel éveil
dans ses yeux.

« Exactement, mon fils », dit le père en se levant pour
commencer les préparatifs de la prière. « Et maintenant,
alors que nous terminons notre Sahur, nous commençons
notre voyage quotidien du Ramadan, portant les
bénédictions de cette heure silencieuse tout au long de la
journée. »

La famille termine son repas et se dirige vers le salon
pour prier ensemble. L'aube commence à percer, et avec

elle, l'espoir et la promesse d'une nouvelle journée de jeûne, de réflexion et de proximité avec le divin.

21)   <u>La Joie du Partage</u>

La nuit tombait sur la petite ville de Salam, où le Ramadan se vivait au rythme des partages et des sourires. Dans une ruelle paisible, les enfants du quartier se réunissaient autour de la grande table d'Iftar préparée par la généreuse Mme. Hanan.

"Pourquoi mettons-nous toujours deux fois plus de nourriture que nous pouvons manger, Mme. Hanan ?" demanda curieusement Farid, un jeune garçon aux yeux pétillants.

Avec un sourire chaleureux et les mains dans la pâte à pain, Mme. Hanan répondit : "Pour la joie du partage, Farid. Pendant le Ramadan, chaque plat que nous partageons double sa valeur dans nos cœurs."

Leila, une fillette aux boucles brunes, ajouta avec enthousiasme : "Et ma maman dit que quand on partage, on ne sait jamais quel ange va partager notre repas !"

Mme. Hanan rit doucement. "C'est exact, Leila. Et parfois, ce n'est pas un ange, mais un voisin qui a besoin de compagnie et d'un repas chaud."

Comme si ses mots avaient été un signal, on frappa à la porte. C'était Monsieur Amir, un vieil homme solitaire du voisinage. "Je sentais les épices depuis mon salon," dit-il timidement, "et je me demandais..."

"Entrez, Monsieur Amir ! Vous êtes le bienvenu à notre table !" s'écrièrent les enfants, le tirant à l'intérieur.

La table s'anima avec l'arrivée de leur invité surprise, et l'Iftar prit une tournure encore plus joyeuse. Les rires et les conversations remplissaient l'air alors que les plats passaient de main en main.

Après le repas, alors qu'ils s'assoyaient pour les prières du soir, Farid s'approcha de Mme. Hanan. "Je comprends maintenant. Partager nous rend tous riches, n'est-ce pas ?"

Mme. Hanan hocha la tête avec affection. "Exactement, Farid. Et la vraie richesse est celle qui remplit l'âme."

Cette nuit-là, alors que les étoiles scintillaient comme des joyaux dans le ciel, la joie du partage avait uni des cœurs et créé des souvenirs qui dureraient bien au-delà du mois sacré.

22)   <u>Le Manteau de la Nuit</u>

Au village de Lune Claire, alors que le Ramadan enveloppait les jours et les nuits de son esprit sacré, un vieux conteur nommé Hakim attirait les enfants avec ses histoires sous le manteau étoilé de la nuit.

Une enfant en particulier, Zara, était fascinée par ses récits. Un soir, alors que les étoiles scintillaient comme des diamants dans le ciel, elle s'approcha de Hakim et lui demanda :

"Dis-moi, Hakim, pourquoi appelles-tu la nuit 'le manteau'?"

Hakim, enveloppé dans son châle usé, lui offrit un sourire sage et répondit : "La nuit est un manteau, ma petite Zara, sous lequel nous pouvons tous nous cacher pour trouver le calme et la paix après une longue journée. C'est sous ce manteau que nos prières montent le plus haut."

Les yeux de Zara s'illuminèrent d'émerveillement. "Est-ce que les étoiles entendent nos prières ?" questionna-t-elle innocemment.

"Je crois qu'elles sont les messagères de nos prières," dit Hakim, son regard perdant dans l'immensité au-dessus d'eux. "Quand nous partageons nos espoirs et nos rêves avec la nuit, elle les tisse dans le manteau céleste pour les garder en sécurité jusqu'à ce qu'ils soient exaucés."

Zara se blottit contre sa mère, qui l'avait rejointe, et ensemble elles écoutèrent Hakim raconter une histoire sur une étoile filante qui avait recueilli les souhaits d'une jeune fille et les avait emportés à travers les cieux.

La nuit de Laylat al-Qadr, Zara prit son courage à deux mains et partagea son propre souhait avec le manteau de la nuit, demandant la sagesse et la force. Elle sentit la douce étreinte de l'obscurité et sut que ses mots étaient en sécurité, enveloppés dans le manteau céleste jusqu'à ce qu'ils soient prêts à éclore.

23) <u>L'Écho du Adhan</u>

Dans le village de Qalb, perché sur une colline surplombant une vallée verdoyante, l'appel à la prière, le Adhan, résonnait chaque jour à travers les rues étroites et les maisons de pierre. Ce son, porteur de foi et de tradition, guidait les habitants dans leur quotidien et, pendant le Ramadan, il prenait une résonance toute particulière.

Zahra, une jeune fille à l'esprit vif et au cœur tendre, était fascinée par l'Adhan. Un crépuscule de Ramadan, alors que le muezzin prenait une profonde inspiration pour entonner l'appel, Zahra s'approcha de son père et demanda, "Papa, pourquoi le Adhan est-il si important ?"

Son père, un homme sage avec une voix douce comme le soir, répondit en la prenant par la main. "Zahra, le Adhan est un rappel. C'est l'écho de notre foi qui nous appelle à nous souvenir d'Allah, de prier et de réfléchir sur nos actions."

Intriguée, Zahra écouta attentivement le Adhan, laissant les mots s'imprégner dans son âme. "C'est comme si chaque mot me parlait, papa. Comme si le Adhan me disait de me hâter vers le bien."

Son père sourit, son cœur empli de fierté pour la sensibilité de sa fille. "Et chaque fois que tu l'entends et que tu réponds à cet appel, tu te hâtes vers la lumière, ma chère Zahra."

Le Ramadan se poursuivit, et chaque jour, Zahra répondait à l'appel avec plus de ferveur. Elle se joignait à la prière, apprenait de nouvelles sourates et aidait sa mère à préparer l'Iftar pour les voisins.

Lorsque l'Eid arriva, avec ses célébrations et ses joyeuses retrouvailles, Zahra sentit que le Adhan avait tissé en elle une connexion plus profonde avec sa communauté et sa foi. Elle sut que cet écho du Adhan continuerait à résonner en elle, la guidant bien au-delà des jours bénis du Ramadan.

24) <u>La Nuit du Destin de Karim</u>

Dans une ville où les minarets s'élèvent fièrement vers le ciel, Karim attendait avec impatience la Nuit du Destin, Laylat al-Qadr, l'une des nuits les plus bénies du Ramadan. On disait que les prières faites cette nuit avaient une valeur plus grande que celles de mille mois.

Karim était un garçon studieux et attentif, toujours prêt à apprendre et à aider les autres. Mais cette année, il voulait vivre pleinement Laylat al-Qadr. Il avait donc décidé de rester éveillé toute la nuit pour prier et réfléchir.

« Maman, comment saurai-je si j'ai vraiment trouvé Laylat al-Qadr ? » demanda Karim alors que sa famille se préparait pour la nuit.

Sa mère lui répondit avec douceur : « Certains disent que la nuit est si paisible que même l'eau qui tombe ne fait pas de bruit. Mais ce qui importe, c'est l'intention de ton cœur, mon fils. »

La nuit tomba, et la maison de Karim fut baignée d'une lumière douce et chaleureuse. Après avoir rompu le jeûne, la famille commença les prières. Karim se sentait enveloppé dans une atmosphère de dévotion et d'amour.

Minuit passé, alors que ses parents dormaient brièvement, Karim resta assis sur son tapis de prière, récitant le Coran et méditant sur ses enseignements. Il pensait à la miséricorde d'Allah, à la patience, et à la gratitude.

Alors qu'il levait les yeux vers le ciel par la fenêtre, il vit les étoiles briller d'un éclat particulier. Il sentit son cœur s'apaiser, une tranquillité profonde l'envahir. Il murmura

: « Peut-être est-ce maintenant, Laylat al-Qadr. »

Les heures passèrent, et Karim resta immergé dans sa prière, ressentant une connexion plus profonde que jamais avec sa foi. Lorsque l'aube approcha, il sut, au fond de lui, qu'il avait vécu quelque chose de spécial, même s'il ne pouvait en être tout à fait certain.

« Maman, je crois que j'ai senti la paix de Laylat al-Qadr », dit-il à sa mère au petit matin.

Elle sourit, les yeux emplis de larmes de joie. « Allah seul connaît la vérité, mais ton dévouement cette nuit sera sûrement récompensé, mon cher Karim. »

Et alors que le soleil se levait, Karim se sentait reconnaissant et renouvelé, prêt à continuer à vivre avec la foi et la détermination qu'il avait ressenties durant la nuit la plus sainte de l'année.

25)   <u>L'Aventure de la Dernière Décade</u>

Dans la chaleur douce de la dernière décennie du Ramadan, deux amis, Aya et Bilal, décidèrent de rendre cette période inoubliable. Ils voulaient explorer la signification profonde de ces jours sacrés, en particulier la recherche de Laylat al-Qadr, la Nuit du Destin.

« Bilal, imagine si nous pouvions découvrir exactement quelle nuit c'est ! » s'enthousiasma Aya, ses yeux pétillants à l'idée de leur quête spirituelle.

Bilal hocha la tête, captivé par l'idée. « Faisons un plan. Chaque nuit, nous accomplirons une bonne action et noterons ce que nous ressentons. Peut-être que cela nous guidera vers Laylat al-Qadr. »

Ainsi commença leur aventure. La première nuit, ils aidèrent à préparer l'Iftar pour les familles dans le besoin. La deuxième, ils passèrent du temps à écouter les histoires des anciens du village. Nuit après nuit, ils dédièrent leur temps à des actes de bonté et de dévotion.

« J'ai senti quelque chose de spécial cette nuit, » confia Aya après une prière intense. « Comme si le ciel s'ouvrait juste un peu. »

Bilal était d'accord. « C'était différent, comme un frisson

dans l'air. Peut-être était-ce la nuit que nous cherchons. »

La dernière nuit arriva, et avec elle, une tranquillité qui enveloppa le village. Aya et Bilal s'assirent sur le toit, regardant le ciel parsemé d'étoiles.

« Que cette nuit soit Laylat al-Qadr ou non, je crois que nous avons trouvé ce que nous cherchions, » murmura Bilal. « Une connexion plus profonde avec notre foi et entre nous. »

Aya acquiesça, ressentant la même paix intérieure. Alors que l'aube se levait, marquant la fin de leur aventure, ils savaient que les leçons apprises et les moments partagés pendant cette dernière décennie resteraient avec eux bien après la fin du Ramadan.

« C'était notre propre Nuit du Destin, à notre façon, » dit Aya, alors qu'ils se préparaient à accueillir un nouveau jour.

26)   <u>Le Papillon du Ramadan</u>

Dans le petit village fleuri de Asilah, l'arrivée du Ramadan était célébrée non seulement par les prières et le jeûne mais aussi par l'apparition d'un papillon très particulier, connu sous le nom de Papillon du Ramadan. On disait que ce papillon, aux ailes d'un bleu céleste parsemées de motifs qui semblaient raconter des histoires, n'apparaissait qu'une fois par an, durant le mois sacré.

Nora, une jeune fille pleine de vivacité, était fascinée par ces créatures. Un jour, alors qu'elle observait l'un d'eux virevolter autour d'un buisson de lavande, son ami Karim s'approcha.

"Pourquoi les appelle-t-on les papillons du Ramadan, Nora ?" demanda Karim, en suivant du regard le vol gracieux du papillon.

Nora se tourna vers lui avec un sourire éclatant. "On dit que chaque Ramadan, ces papillons viennent nous rappeler la beauté et la transience de la vie. Ils nous enseignent la métamorphose et la croissance, tout comme nous cherchons à grandir et à nous améliorer pendant ce mois."

Karim, intrigué par cette pensée, regarda le papillon se poser délicatement sur une fleur. "C'est comme s'ils étaient un message d'Allah, un rappel de Sa présence dans la beauté de la nature."

"Exactement !" s'exclama Nora. "Et ma grand-mère dit que si tu partages un secret avec un papillon du Ramadan, ton message monte jusqu'aux cieux."

Les deux enfants décidèrent alors de partager leurs souhaits pour l'année à venir avec le papillon, murmurant doucement tout en observant les ailes diaphanes battre au rythme de leurs espoirs.

Quand le Ramadan toucha à sa fin, Nora et Karim ressentirent une transformation en eux, comme si les enseignements du papillon du Ramadan avaient pris racine dans leur cœur. Ils étaient prêts à déployer leurs propres ailes et à s'envoler vers de nouvelles hauteurs de foi et de bonté.

27) <u>Les Lumières d'Al-Qadr</u>

Au sein de la cité d'Al-Fajr, la nuit de Laylat al-Qadr était attendue avec une révérence toute particulière. On disait que pendant cette nuit, plus bénie que mille mois, le ciel s'ouvrait pour baigner la terre d'une lumière divine, et que les prières s'envolaient directement vers les cieux.

Soraya, une jeune fille au cœur pur, avait préparé cette

nuit pendant tout le mois de Ramadan. Elle avait jeûné avec dévotion, prié avec ferveur et aidé sa famille et ses voisins avec un amour inconditionnel.

La nuit d'Al-Qadr, Soraya s'assit sur le toit-terrasse de sa maison, un châle autour des épaules, et regarda le ciel. Elle attendait le signe des lumières d'Al-Qadr, une preuve que ses prières seraient entendues.

Comme elle attendait, elle vit un éclat lumineux traverser le ciel. Ce n'était pas une étoile filante, ni l'éclat d'un satellite. C'était une lumière douce, paisible, qui semblait danser entre les étoiles.

Soraya ferma les yeux et fit une prière pour sa famille, pour la paix dans le monde et pour la guidance dans son propre chemin de vie. Lorsqu'elle ouvrit les yeux, la lumière était toujours là, scintillante, comme si elle répondait à son appel.

Les heures passèrent, et Soraya resta dehors, enveloppée dans la quiétude de la nuit. Elle sentit son cœur s'alléger, comme si la lumière d'Al-Qadr emportait avec elle les poids de son âme.

Quand l'aube pointa, la lumière s'était fondue dans l'horizon, mais Soraya savait que quelque chose avait changé. Laylat al-Qadr avait touché sa vie, laissant une trace lumineuse qui ne s'éteindrait jamais.

Les années passèrent, et la légende des Lumières d'Al-Qadr se perpétua. Soraya devint la gardienne de cette histoire, rappelant aux générations futures que les signes d'Allah sont partout autour de nous, pour peu que nous ouvrions nos cœurs et élevions nos âmes.

28)   <u>Les Fleurs du Paradis</u>

Au cœur d'une oasis verdoyante s'épanouissait un jardin où chaque fleur semblait touchée par la grâce divine. C'était le jardin que Hadiya et son grand-père entretenaient avec amour, un lieu de paix où la communauté aimait se réunir pendant le Ramadan.

Hadiya, avec ses mains petites mais habiles, plantait des fleurs aux parfums célestes et aux couleurs éclatantes. Son grand-père l'appelait son petit morceau de paradis. "Chaque fleur que tu plantes, ma chérie, est un rappel des merveilles d'Allah", lui disait-il souvent.

Cette année, Hadiya avait une idée spéciale pour l'Eid al-Fitr. Elle voulait créer un bouquet pour chaque famille du village, un bouquet de fleurs du paradis, comme symbole de joie et de partage pour la fin du Ramadan.

Chaque soir, après l'Iftar, elle travaillait à la lumière des lanternes, choisissant les plus belles fleurs, les liant avec des rubans et priant pour que chaque bouquet apporte du bonheur à son destinataire.

Lorsque l'Eid arriva, le jardin de Hadiya était un arc-en-ciel de couleurs et de senteurs. Les villageois furent émerveillés par la beauté des bouquets qu'elle leur offrit avec un sourire lumineux.

"Tes fleurs, c'est comme si elles venaient directement du paradis, Hadiya", s'émerveilla une voisine, en respirant le parfum d'une rose délicate.

Hadiya rougit de plaisir. "Je voulais que chacun de vous ait un petit bout de notre jardin pour l'Eid", expliqua-t-elle.

Le geste de Hadiya fut longtemps chéri dans le village. Son jardin devint un symbole de générosité et d'unité, et chaque Eid, les bouquets de fleurs du paradis rappelaient aux villageois la beauté de leur communauté et la générosité qui fleurissait dans le cœur de chacun.

29)   La Promesse d'Aïd

Dans la ville animée de Rihla, l'excitation de l'Aïd remplissait l'air. Les rues étaient ornées de guirlandes et de lumières scintillantes, annonçant la fin du Ramadan. Pour Amina et son petit frère Hassan, l'Aïd était synonyme de famille, de joie et de promesses nouvelles.

La veille de l'Aïd, leur père leur avait fait une promesse spéciale : si les enfants réussissaient à jeûner les derniers jours du Ramadan, toute la famille irait au parc d'attractions. Amina, sérieuse dans ses engagements, avait tenu sa promesse, tout comme Hassan, bien que cela ait été difficile pour le petit garçon.

Le jour tant attendu arriva, mais leur père reçut un appel urgent de son travail. Il y avait une urgence qu'il ne pouvait pas ignorer. Le cœur lourd, il s'assit avec ses enfants.

« Mes enfants, je suis désolé. La visite au parc doit être reportée », dit-il avec regret.

Les yeux d'Amina et Hassan se remplirent de larmes. Ils avaient tant attendu ce moment.

Voyant la déception dans les yeux de ses enfants, leur père prit une décision. « Rien n'est plus important que ma promesse à vous », dit-il en prenant son téléphone. Après quelques minutes de conversation, il raccrocha, un sourire aux lèvres.

« La promesse est une promesse. Nous irons au parc, comme prévu. Mon travail peut attendre. »

Amina et Hassan sautèrent de joie, serrant leur père dans leurs bras. La journée fut remplie de rires, de tours de manège et de moments précieux. Ils comprirent que l'Aïd n'était pas seulement une célébration, mais aussi un moment où les promesses faites étaient honorées, où la famille passait avant tout le reste.

Le soir venu, alors qu'ils regardaient les feux d'artifice illuminer le ciel, Amina murmura un remerciement silencieux. Elle savait que la véritable bénédiction de l'Aïd n'était pas dans les cadeaux ou les sorties, mais dans les liens inébranlables de l'amour et de l'honneur entre eux.

30) <u>Les Couleurs de l'Aïd</u>

Le village s'éveillait doucement, baigné dans la lumière dorée du matin de l'Aïd. Dans la maison bleue au bout de la ruelle, Layla et son frère Karim s'affairaient déjà avec des rubans et des papiers colorés.

"Papa, regarde ! J'ai fini de décorer ma lanterne pour l'Aïd !" s'exclama Karim, levant fièrement son œuvre vers leur père.

Le père de Layla et Karim, un homme à la barbe poivre et sel, les yeux pétillants de malice, se pencha pour examiner la lanterne. "C'est magnifique, Karim. Tu as choisi tes couleurs avec soin."

Layla, avec un sourire espiègle, tira sur la manche de son père. "Et moi, papa, j'ai fait une guirlande avec toutes les couleurs de nos vêtements de l'Aïd. Chaque couleur représente un membre de notre famille."

Le père les regarda, son cœur rempli d'amour pour ses enfants. "Vous avez tous les deux apporté les couleurs de l'Aïd dans notre maison. Mais n'oubliez pas, les plus belles couleurs sont celles de nos actions et de nos sourires aujourd'hui."

La journée s'écoula dans un tourbillon de visites, de rires et de festins. Chaque fois que Layla et Karim rencontraient leurs amis et leur famille, ils partageaient un mot gentil ou un petit cadeau fait à la main.

Alors que le soleil se couchait, colorant le ciel de teintes rose et orange, Layla s'assit à côté de son père. "Papa, l'Aïd est vraiment le jour le plus coloré de l'année, n'est-ce pas ?"

Son père acquiesça, enlaçant ses épaules. "Oui, ma

chérie. Mais ce n'est pas seulement à cause des décorations ou des vêtements. C'est parce que nos cœurs sont pleins de joie et que nous partageons cette joie avec tout le monde."

Et ainsi, tandis que les étoiles commençaient à scintiller dans le ciel, Layla et Karim se promirent de garder les couleurs de l'Aïd vives dans leurs cœurs, de les répandre tout au long de l'année jusqu'à ce que l'Aïd revienne.